Sandra und Sabine Arriens

# Window-Color

## Zauberhafte Blumenbordüren

ENGLISCH VERLAG

Die Deutsche Bibliothek - CIP-Einheitsaufnahme
**Window-Color – zauberhafte Blumenbordüren** / Sandra und Sabine Arriens. –
Wiesbaden: Englisch, 2002
ISBN 3-8241-1191-8


ISBN 3-8241-1191-8

Fotos: Frank Schuppelius
Herstellung: Michael Feuerer
Printed in Spain



Die Ratschläge in diesem Buch sind von den Autorinnen und dem Verlag sorgfältig erwogen und geprüft, dennoch kann eine Garantie nicht übernommen werden. Eine Haftung der Autorinnen bzw. des Verlages und seiner Beauftragten für Personen-, Sach- und Vermögensschäden ist ausgeschlossen.

# Inhaltsverzeichnis

# Vorwort

Florale Motive sind immer wieder ein Blickfang. Wahrscheinlich sind es die Farben, die den Betrachter so leuchtend, bunt und vielfältig in den Bann ziehen. Mit der wiederablösbaren Fenstermalfarbe Window-Color, die all diese Eigenschaften in sich vereint, können Sie spielend leicht Blumenmotive als Dekorationen für das Fenster, Spiegel oder auch für Kacheln herstellen. Unsere Auswahl an Blumenbordüren wirken schön als Umrandung oder Randabschlüsse.
Je nach Jahreszeit finden Sie bestimmt das geeignete Blumenmotiv, mit dem sie als Bordüre gemalt an der Fensterscheibe angebracht, einen leuchtenden, farbenfrohen Blickfang haben.

Viel Spaß beim Malen und gutes Gelingen wünschen Ihnen

*Sandra und Sabine Arriens*

# Material und Werkzeug

Zum Malen mit Window-Color-Farben benötigen Sie folgendes Material und Werkzeug:

- Window-Color-Farben
- Window-Color-Konturenfarbe Schwarz
- Malspitze zum Aufschrauben auf Flaschen 0,7 mm ∅
- Schaschlikspieße
- Wattestäbchen
- Klarsichtfolie DIN A4 (Prospekthüllen PE oder PP)
- Spezialfolie für die Ausschneidetechnik
- Transparentpapier
- Weißes Schreibmaschinenpapier
- Bleistift HB, Radiergummi, Anspitzer
- Klebestreifen
- Stecknadel
- Haushaltspapier
- Evt. kleine Plastikleerflaschen zum Anmischen von Farbe
- Evt. Permanentstift (Fineliner Schwarz)
- Zollstock oder Zentimetermaß
- Schere

# Grundanleitung

Zeichnen Sie das Motiv mit einem Bleistift mittels Transparentpapier vom Vorlagebogen ab.
Unter das Transparentpapier legen Sie einen weißen Bogen Papier und schieben beides in die Klarsichthülle. Der weiße Bogen bewirkt, dass das Motiv vor dem Transparentpapier einen größeren Kontrast hat. Wenn keine Hüllen verwendet werden, befestigt man die Vorlage am besten mit Tesafilm unter der zu bemalenden Folie. Gemalt wird aber auf der Folie.
Um solche feine Linien ziehen zu können, wie wir das für die Blumenbordüren benötigen, setzen Sie auf die Konturenmittelflasche eine Konturenfeder. Dann ziehen Sie mit dem Konturenmittel alle Linien der Vorlage nach.
Dabei erleichtert es die Arbeit, wenn man den Handrücken auflegt. Die Konturenmittelflasche muss man senkrecht halten und je nach Hersteller direkten Kontakt mit der Folie aufnehmen oder ca. 1 cm Abstand zur Folie halten. Unter leichtem Druck fließt das Konturenmittel nun wie ein flüssiger Faden heraus. Das Konturenmittel muss man ca. 2 Stunden trocknen lassen. Beachten Sie dabei unbedingt die Herstellerangaben denn die Trocknungszeit kann variieren. Nachdem das Konturenmittel getrocknet ist, beginnen Sie mit dem Ausmalen der Flächen.
Die Farbflaschen dürfen vor dem Gebrauch nicht geschüttelt werden, da sonst Luftblasen entstehen. Die flüssige Farbe wird direkt mit der Spitze der Flasche satt auf die Folie gemalt. Farbe und Kontur gehen eine Verbindung ein, wobei der Farbauftrag möglichst den Konturen angepasst werden sollte. Das heißt, bei dünnen Konturen gestaltet man den Farbauftrag so, dass die Farbe nicht über die Konturenlinie in das nächste Feld läuft. Eine große Hilfe sind Schaschlikspieße, mit denen man die Farbe vorsichtig bis an die Linien heranziehen kann. Außerdem genügt schon ein kleiner Tropfen Farbe an der Spitze des Schaschlikspießes, um winzige Flächen zu füllen.
Ist das Werk vollendet, braucht es eine Trockenzeit, die je nach Hersteller bei ungefähr 24 Stunden liegt. Nicht ungeduldig werden, sonst könnte das fertige Bild beim Abnehmen von der Folie zerreißen. Beachten Sie auch hier unbedingt die Herstellerangaben.

# Frühling

## 1. Stiefmütterchen

**Material**

- Window-Color-Farben in Feuerrot, Dunkelbraun, Hellbraun, Gelb, Weiß, Rosé, Anthrazit, Olivgrün und Kristallklar
- Konturenfarbe in Schwarz
- Spezialfolie für die Ausschneidetechnik
- Plastikleerflasche

**Anleitung**

Stiefmütterchen sind frühe Farbflecken in unseren Gärten und machen sich auch am Fenster gut. Übertragen Sie alle Linien des Motivs mit der Konturenfarbe auf die Malfolie. Halten Sie die Trockenzeit ein. Mischen Sie in einer Plastikleerflasche die rötlich-braune Farbe der Stiefmütterchen aus Feuerrot, Hell- und Dunkelbraun. Beim Hineinmalen in die feuchte Farbe schattieren Sie mit einem Schaschlikspieß mit Gelb. Die rötlichen Stiefmütterchen werden ebenfalls aus einem Gemisch, diesmal aus Feuerrot und Rosé gemalt, wobei Sie wieder die zuvor gesäuberte Plastikleerflasche verwenden. Beim Malen der Flächen wird die feuchte rote Mischfarbe mit Kristallklar verzogen. Arbeiten Sie nun das Motiv gemäß der Abbildung fertig. Nach der eingehaltenen Trockenzeit schneiden Sie das Motiv knappkantig aus dem Bogen heraus.

## 2. Eckbordüre Frühling

**Material**

- Window-Color-Farben in Rot, Gelb, Feuerrot, Hellbraun, Weiß, Dottergelb, Olivgrün, Königsblau, Anthrazit, Weinrot und Kristallklar
- Konturenfarbe in Schwarz

**Anleitung**

Für diese farbenfrohe Eckbordüre übertragen Sie alle Linien des Motivs vom Vorlagebogen mit der Konturenfarbe auf die Malfolie. Halten Sie die Trockenzeit ein. Schattieren Sie die feuchte rote Farbe der Tulpe mittels Schaschlikspieß mit Gelb. Mischen Sie die Farbe für die Rose neben dem Motiv auf der Malfolie aus Feuerrot und Hellbraun und verziehen die Blüte dann mit Weiß.

Schattieren Sie die feuchte blaue Farbe des Stiefmütterchens mit Weiß. Das Blattgrün der Primeln aus Olivgrün und etwas Anthrazit mischen. Arbeiten Sie das Motiv gemäß der Abbildung fertig. Die Zwischenräume mit Kristallklar ausmalen. Nach dem Trocknen kann das Motiv von der Malfolie genommen werden um einen schönen Platz am Fenster zu verzieren.

# 3. Hibiskus

**Material**

- Window-Color-Farben in Weiß, Feuerrot, Hellbraun, Gelb, Dunkelgrün, Anthrazit und Kristallklar
- Konturenfarbe in Schwarz
- Plastikleerflasche

**Anleitung**

Übertragen Sie alle Linien des Motivs vom Vorlagebogen mit der Konturenfarbe auf die Malfolie. Halten Sie die Trockenzeit ein. Mischen Sie in einer Plastikleerflasche den rosa Farbton der Blüten aus Feuerrot und Weiß. Beim Malen der Farbe ziehen Sie mit dem Schaschlikspieß Weiß als Schattierung dazu. Beachten Sie, dass Sie Schattierungen immer im feuchten Zustand der Farben vornehmen. Die feuerrote Farbe der Blüten wird bei den weißen Blüten etwas mit Hellbraun abgeschwächt. Mischen Sie das Dunkelgrün mit wenig Anthrazit in einer Plastikleerflasche, bevor Sie es für das Malen des Blattgrüns verwenden. Die Zwischenräume des fertigen Motivs füllen Sie mit Kristallklar. Nach dem Trocknen kann es von der Malfolie genommen werden.

# 4. Akelei

**Material**
- ✤ Window-Color-Farben in Violett, Elfenbein, Dunkelgrün und Anthrazit
- ✤ Konturenfarbe in Schwarz
- ✤ Spezialfolie für die Ausschneidetechnik
- ✤ Plastikleerflasche

**Anleitung**
Wenn Sie die Grundanleitung sorgfältig gelesen haben, übertragen Sie alle Linien des Motivs vom Vorlagebogen mit der Konturenfarbe auf die Malfolie. Beachten Sie unbedingt die Trockenzeit.
Wenn Sie jetzt die Blüten malen, zeichnen Sie mit dem Schaschlikspieß Elfenbein als Schattierung in die feuchte violette Farbe hinein. Mischen Sie in einer Plastikleerflasche Dunkelgrün mit etwas Anthrazit, bevor Sie das Blattgrün malen. Schließlich stellen Sie das Motiv gemäß der Abbildung fertig. Nach dem Trocknen können Sie das Motiv knappkantig aus dem Bogen herausschneiden.

# 5. Tulpe

**Material**
- Window-Color-Farben in Rot, Gelb, Anthrazit und Olivgrün
- Konturenfarbe in Schwarz
- Spezialfolie für die Ausschneide-technik

**Anleitung**
Beachten Sie die Grundanleitung. Übertragen Sie dann alle Linien des Motivs vom Vorlagebogen mit der Konturenfarbe auf die Malfolie. Halten Sie die Trockenzeit ein. Schattieren Sie die feuchte rote Farbe mit dem Schaschlikspieß, indem Sie Gelb mit hineinziehen. Stellen Sie dann das Motiv gemäß der Abbildung fertig. Nach der eingehaltenen Trockenzeit kann das Motiv aus dem Bogen knappkantig herausgeschnitten werden.

# 6. Trichterwinde

**Material**

- Window-Color-Farben in Königsblau, Weiß, Gelb, Olivgrün, Feuerrot, Hellbraun, Rosé, Dunkelgrün und Anthrazit
- Konturenfarbe in Schwarz
- Spezialfolie für die Ausschneidetechnik
- Plastikleerflasche

**Anleitung**

Zeichnen Sie zunächst alle Linien des Motivs mit der Konturenfarbe auf die Malfolie. Halten Sie die Trockenzeit ein. Mischen Sie in einer Plastikleerflasche Weiß mit sehr wenig Rosé für die rosafarbenen Blüten. Beim Hineinmalen schattieren Sie mittels eines Schaschlikspießes die feuchte Mischfarbe mit sehr wenig Feuerrot. Mischen Sie dann ebenfalls in der zuvor gereinigten Leerflasche Dunkelgrün mit wenig Anthrazit, und malen Sie die Blätter und Stiele. Arbeiten Sie nun das Motiv gemäß der Abbildung fertig. Nach eingehaltener Trockenzeit können Sie die schöne Trichterwinde knappkantig aus dem Bogen herausschneiden und auf Ihr Fenster aufbringen.

# 7. Oleander

**Material**

- Window-Color-Farben in Feuerrot, Weiß, Hellgrün, Hellbraun und Kristallklar
- Konturenfarbe in Schwarz
- Plastikleerflasche

**Anleitung**

Zeichnen Sie alle Linien des Motivs vom Vorlagebogen mit der Konturenfarbe auf die Malfolie. Halten Sie die Trockenzeit ein. Mischen Sie dann in einer Plastikleerfalsche Weiß mit etwas Feuerrot für die Blüten. Um die zarten Farbverläufe zu erzielen, ziehen Sie in die feuchte Farbe der Blüten mittels Schaschlikspieß etwas Weiß als Schattierung. Stellen Sie das Motiv gemäß der Abbildung fertig. Die Zwischenräume werden nun mit Kristallklar ausgefüllt. Nach der eingehaltenen Trockenzeit kann das Motiv von der Malfolie genommen werden.

# 8. Clematis

**Material**

- Window-Color-Farben in Magenta, Elfenbein, Dunkelgrün und Kristallklar
- Konturenfarbe in Schwarz

**Anleitung**

Übertragen Sie alle Linien des Motivs vom Vorlagebogen auf die Malfolie und halten Sie die Trockenzeit ein. Ziehen Sie als nächstes mit dem Schaschlikspieß in das feuchte Magenta der Blüten etwas Kristallklar als Schattierung gemäß der Abbildung. Malen Sie das Motiv fertig, indem Sie die Blätter mit Dunkelgrün füllen und die Blütenmitten anhand der Abbildung gestalten. Die Zwischenräume werden mit Kristallklar ausgefüllt. Nach der eingehaltenen Trockenzeit kann das Motiv von der Malfolie genommen werden.

# 16. Petunien

### Material

- Window-Color-Farben in Magenta, Kristallklar, Gelb und Dunkelgrün
- Konturenfarbe in Schwarz
- Spezialfolie für die Ausschneidetechnik
- Plastikleerflasche

### Anleitung

Diese vielfarbigen Sommerblumen können Sie leicht nachmalen. Beachten Sie die Grundanleitung, und übertragen Sie dann alle Linien des Motivs vom Vorlagebogen mit der Konturenfarbe auf die Malfolie. Halten Sie die Trockenzeit ein. Schattieren Sie das feuchte Magenta der Blüten mit Hilfe des Schaschlikspießes, indem Sie etwas Kristallklar hineinziehen. Nun mischen Sie in einer Plastikleerflasche Dunkelgrün und Gelb, um damit das Blattgrün malen. Stellen Sie nun das Motiv gemäß der Abbildung fertig. Nach der eingehaltenen Trockenzeit kann das Motiv knappkantig aus dem Bogen herausgeschnitten werden.

# 17. Dahlie

**Material**

- Window-Color-Farben in Gelb, Dottergelb, Olivgrün, Feuerrot, Weiß und Kristallklar
- Konturenfarbe in Schwarz
- Plastikleerflasche

**Anleitung**

Zeichnen Sie alle Linien des Motivs mit der Konturenfarbe auf die Malfolie, und halten Sie die Trockenzeit ein. Mischen Sie nun für rosefarbenen Blüten in einer Plastikleerflasche Feuerrot und Weiß und malen sie aus. Mit Dottergelb gestalten Sie die übrigen Blüten. Arbeiten Sie das Motiv gemäß der Abbildung fertig, und füllen Sie die Zwischenräume mit Kristallklar aus. Halten Sie die Trockenzeit ein, bevor Sie das fertig gemalte Motiv von der Malfolie nehmen.

# 18. Fuchsie

**Material**

- Window-Color-Farben in Feuerrot, Weiß und Olivgrün
- Konturenfarbe in Schwarz
- Spezialfolie für die Ausschneidetechnik

**Anleitung**

Fuchsien wuchern an Ihrem Fenster, wenn Sie die Grundanleitung beachten und alle Linien des Motivs vom Vorlagebogen mit der Konturenfarbe auf die Malfolie übertragen. Halten Sie die Trockenzeit ein. Danach beginnen Sie mit dem Ausmalen der Flächen gemäß der Abbildung. Zum Malen eignet sich am besten der Schaschlikspieß. Das fertige Motiv kann, nachdem es gut getrocknet ist, aus dem Bogen herausgeschnitten werden.

# 19. Nelke

**Material**
- Window-Color-Farben in Rosé, Olivgrün und Kristallklar
- Konturenfarbe in Schwarz

**Anleitung**
Übertragen Sie alle Linien des Motivs vom Vorlagebogen mit der Konturenfarbe auf die Malfolie. Halten Sie die Trockenzeit ein, bevor Sie das Ausmalen der Flächen vornehmen. Zum Malen den Schaschlikspieß verwenden. Arbeiten Sie das Motiv gemäß der Abbildung fertig. Die Zwischenräume füllen Sie mit Kristallklar aus. Halten Sie die Trockenzeit ein. Erst dann können die zarten Nelken von der Malfolie genommen werden.

# Winter

## 20. Christrose

**Material**
- Window-Color-Farben in Weiß, Pastellrosa, Gelb, Hellgrün und Olivgrün
- Konturenfarbe in Schwarz
- Spezialfolie für die Ausschneidetechnik

**Anleitung**
Übertragen Sie alle Linien des Motivs vom Vorlagebogen auf die Malfolie. Wenn Sie die Trocknungszeit eingehalten haben, malen Sie die weißen Blüten. Diese werden im feuchten Zustand der Farbe mit Pastellrosa schattiert, am besten mit einem Schaschlikspieß. Lassen Sie die weiße Farbe etwas antrocknen, bevor Sie die gelbe Blütenmitte hineinmalen. Die hellgrüne Fläche in der Blüte wird mit Weiß verzogen. Arbeiten Sie nun das Motiv gemäß der Abbildung fertig. Nach der eingehaltenen Trockenzeit kann es knappkantig aus dem Bogen herausgeschnitten werden.

# 21. Ilex

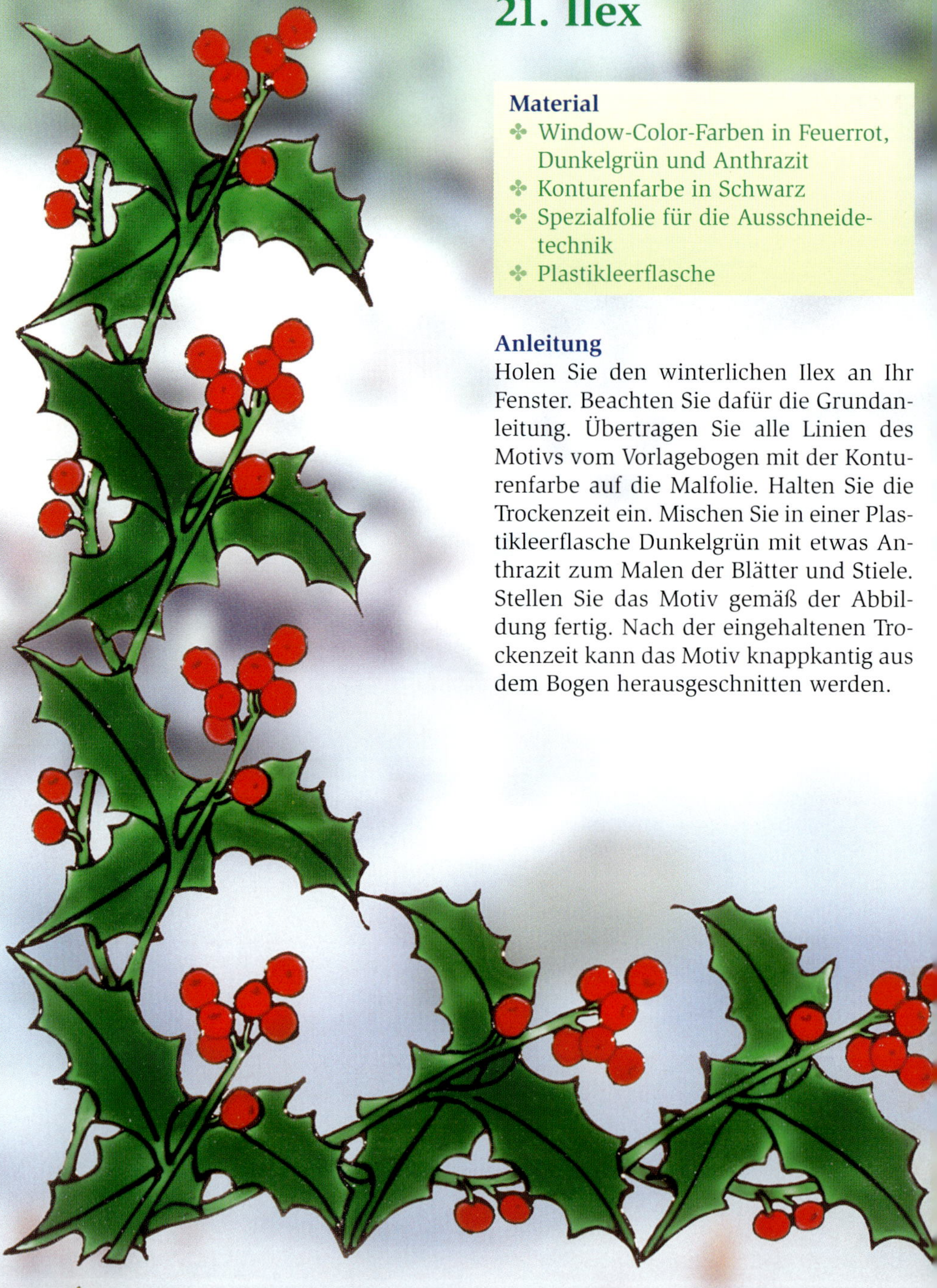

**Material**
- Window-Color-Farben in Feuerrot, Dunkelgrün und Anthrazit
- Konturenfarbe in Schwarz
- Spezialfolie für die Ausschneide-technik
- Plastikleerflasche

**Anleitung**
Holen Sie den winterlichen Ilex an Ihr Fenster. Beachten Sie dafür die Grundanleitung. Übertragen Sie alle Linien des Motivs vom Vorlagebogen mit der Konturenfarbe auf die Malfolie. Halten Sie die Trockenzeit ein. Mischen Sie in einer Plastikleerflasche Dunkelgrün mit etwas Anthrazit zum Malen der Blätter und Stiele. Stellen Sie das Motiv gemäß der Abbildung fertig. Nach der eingehaltenen Trockenzeit kann das Motiv knappkantig aus dem Bogen herausgeschnitten werden.

# 22. Weihnachtsstern

**Material**
- Window-Color-Farben in Rot, Gelb und Olivgrün
- Konturenfarbe in Schwarz
- Spezialfolie für die Ausschneidetechnik

**Anleitung**
Auch zu Weihnachten können blühende Bordüren Ihre Fenster zieren. Der Weihnachtsstern ist das passende Motiv dafür. Übertragen Sie dafür alle Linien des Motivs vom Vorlagebogen mit der Konturenfarbe auf die Malfolie. Halten Sie die Trockenzeit ein. Schattieren Sie die roten Blütenblätter im feuchten Zustand mit Hilfe des Schaschlikspießes gelb. Malen Sie das Motiv gemäß der Abbildung fertig. Beachten Sie wieder die Trockenzeit und danach können Sie das fertige Motiv knappkantig aus dem Bogen herausschneiden.

ENGLISCH VERLAG

kreativ

ISBN 3-8241-1138-1
Broschur, 32 S., 2 Vorlageb.

ISBN 3-8241-1147-0
Broschur, 32 S., 2 Vorlageb.

ISBN 3-8241-1070-9
Broschur, 32 S., 2 Vorlageb.

ISBN 3-8241-1061-X
Broschur, 32 S., 2 Vorlageb.

ISBN 3-8241-0945-X
Broschur, 32 S., 2 Vorlageb.

ISBN 3-8241-1193-4
Broschur, 32 S., 2 Vorlageb.

## *Lust auf Mehr?*

Liebe Leserin, lieber Leser,
natürlich haben wir noch viele andere Bücher im Programm.
Gerne senden wir Ihnen unser Gesamtverzeichnis zu.
Auch auf Ihre Anregungen und Vorschläge sind wir gespannt.
Rufen Sie uns einfach an oder schreiben Sie uns.

Englisch Verlag GmbH
Postfach 2309 · 65013 Wiesbaden
Telefon 06 11/9 42 72-0 · Telefax 06 11/9 42 72 30
E-Mail info@englisch-verlag.de
Internet http://www.englisch-verlag.de